INVENTAIRE

F

USAGES LOCAUX

DE

DÉPARTEMENT DES LANDES.

DROITS RÉSERVÉS.

J. LESPOUS,

LIBRAIRE-ÉDITEUR Mont-de-Marsan.

Typ. Oberthur & Fils, Rennes

Maison à Paris, rue des Blancs-Manteaux, 35.

1867.

F

166

1. 67

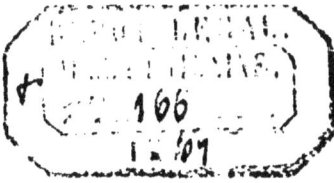

USAGES LOCAUX

DU

DÉPARTEMENT DES LANDES.

45729

USAGES LOCAUX

DU

DÉPARTEMENT DES LANDES.

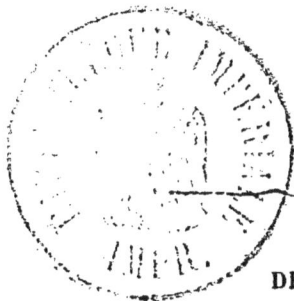

DROITS RÉSERVÉS.

J. LESPOUS,

ÉDITEUR-LIBRAIRE (Mont-de-Marsan).

TYP. OBERTHUR ET FILS, RENNES.

Maison à Paris, rue des Blancs-Manteaux, 35.

1867.

DÉPARTEMENT DES LANDES.

COMMISSION CENTRALE DES USAGES LOCAUX.

Séance du 22 décembre 1862.

Le 22 décembre 1862, à une heure de l'après-midi, dans une des salles de l'hôtel de la Préfecture, s'est réunie la commission centrale chargée de colliger et coordonner les renseignements recueillis par les commissions cantonales sur les usages locaux considérés comme ayant force de loi dans le département des Landes.

Étaient présents : MM. Dupeyré, président du tribunal civil d'arrondissement de Mont-de-Marsan, président de la commission; Laurans, président honoraire; Labeyrie, vice-président honoraire ; Dutour, procureur impérial près le tribunal de Mont-de-Marsan; Marrast, juge de paix du canton de Mont-de-Marsan; Garrelon, juge de paix du canton de Sabres; Despaignet, Dufrayer et Cabaré, jurisconsultes; Jumel, avoué, membre du conseil général;

Dupouy, ancien notaire et suppléant du juge de paix; Lacaze, ancien notaire, maire de Mont-de-Marsan ; et Adrien Lacroix, notaire.

M. Dupeyré, président, a donné lecture des actes officiels émanant de MM. les Ministres de l'intérieur, de l'agriculture et du commerce, prescrivant la recherche et la constatation des usages locaux, et aussi de l'arrêté de M. le Préfet des Landes, en date du 6 décembre 1862, qui réorganise la commission centrale.

M. le Président a ensuite déposé sur le bureau les procès-verbaux originaux de vingt-sept commissions cantonales, ainsi que le dépouillement qui en a été fait par M. Garrelon, juge de paix à Sabres, et a invité les membres présents à se constituer comme commission centrale.

La commission centrale s'est constituée sous sa présidence et a nommé M. Lacroix secrétaire.

Elle a ensuite institué une sous-commission chargée de de réviser tous les procès-verbaux, et le dépouillement qui en a été fait par M. Garrelon, et de rédiger un projet de travail d'ensemble qui consistera :

1º A classer sous des titres généraux les différents usages relevés dans chaque canton;

2º A rechercher quels sont, parmi les usages signalés, ceux qui se réfèrent réellement à des dispositions législatives, et à les séparer de ceux qui se sont établis soit en dehors de la loi, soit en contradiction avec elle.

Cette sous-commission est composée de MM. Labeyrie, Marrast et Cabaré.

La séance est levée et la commission s'ajourne à une époque qui sera ultérieurement fixée par M. le Président.

De tout quoi a été dressé le présent procès-verbal à Mont-de-Marsan, les jour, mois et an que dessus.

Signés : DUPEYRÉ, *président* ;
LACROIX.

———

Séances des 9 & 12 décembre 1863.

Le 9 décembre 1863, à deux heures de l'après-midi, la commission centrale chargée de colliger et de coordonner les renseignements recueillis par les commissions cantonales sur les usages locaux considérés comme ayant force de loi dans le département des Landes, s'est réunie dans une des salles de l'hôtel de la Préfecture.

Etaient présents : MM. Dupeyré, président; Laurans,

Labeyrie, Dutour, Marrast, Despaignet, Dufrayer, Cabaré, Jumel et Dupouy.

M. Cabaré, en l'absence de M. Lacroix, a rempli les fonctions de secrétaire, et a donné lecture du procès-verbal de la précédente séance, qui a été adopté.

M. Cabaré a fait ensuite part à la commission centrale du résultat des travaux de la sous-commission dont il est le rapporteur.

La sous-commission a constaté avec regret qu'il existe de nombreuses lacunes dans le travail de la plupart des commissions cantonales ; — que beaucoup des usages signalés sont formellement contraires à la loi ; — et qu'un grand nombre sont ou des pratiques agricoles variées à l'infini, ou de simples modes d'exploitation, soumis les uns et les autres à l'arbitraire des conventions qui peuvent se former entre les intéressés.

Elle a recherché, comme elle en avait la mission, quels sont, parmi les usages signalés, ceux qui se rapportent réellement à des dispositions législatives. Ce sont ces usages seulement que la sous-commission a cru devoir soumettre à la constatation que doit faire la commission centrale, et elle a cru en même temps devoir lui signaler les motifs d'exclusion de tous les autres au fur et à mesure de leur énumération.

La discussion s'est ensuite ouverte sur les divers chapitres, et la commission centrale a pu, dans cette séance, arrêter seulement une partie de son travail définitif. Elle s'est ajournée au 12 du présent mois.

Et ce jour venu, dans une des salles du Palais-de-Justice de Mont-de-Marsan, se sont réunis :

MM. Dupeyré, président; Laurans, Labeyrie, Dutour, Marrast, Despaignet, Cabaré, Dupouy, Lacaze, et Lacroix, secrétaire.

La discussion a continué sur le rapport du travail préparatoire de la sous-commission, et la commission centrale a enfin arrêté définitivement le recueil des usages en vigueur dans le département des Landes, se référant à des dispositions législatives, lequel recueil demeurera annexé à la présente délibération.

De tout quoi a été dressé le présent procès-verbal à Mont-de-Marsan, le 12 décembre 1863.

Signés : Dupeyré, Lacroix.

USAGES LOCAUX

DU
DÉPARTEMENT DES LANDES.

———➤•⊂▭⊐•◄———

CHAPITRE Ier.

De l'usufruit.

(Art. 590, 591 et 593 du Code Napoléon.)

———

Arrondissement de Mont-de-Marsan.

ARJUZANX. — La commission cantonale n'a point constaté d'usage.

GABARRET. — Les bois taillis sont coupés ou écorcés pour faire du tan tous les huit ans. L'usufruitier n'a pas le droit d'abattre les baliveaux ; il peut étêter les chênes, dits *tauzins*, pour son usage personnel, ou celui des colons ou fermiers, mais seulement ceux qui l'ont déjà été.

GRENADE. — Les échalassières se coupent : — 1º tous les quatre ans pour cercles ; — 2º tous les sept ans pour échalas. Quant aux chênes tauzins, l'époque de l'émondage n'est pas la même dans toutes les communes. Elle varie selon l'abondance de la coupe. Ainsi, par exemple :

A CASTANDET, — l'émondage a lieu tous les dix ans,

Et à BORDÈRES, — tous les six ans ;

LABRIT. — Pas d'usage constaté.

MIMIZAN. — Pas d'usage constaté.

MONT-DE-MARSAN. — Dans les propriétés où les bois taillis sont abondants on distribue les coupes de manière à en faire une tous les ans. S'il n'y a pas beaucoup de bois, la coupe se fait en une seule fois, et elle a lieu tous les huit ou dix ans.

L'émondage ne se pratique qu'autant que les arbres ont été émondés depuis moins de douze ans. Si l'on a laissé s'écouler plus de douze ans sans les émonder, ils sont censés avoir été réservés comme *futaies*.

Pour les échalassières, une fois que l'usufruitier a employé les échalas nécessaires aux besoins du domaine il peut couper le restant : — 1º à l'âge de quatre ans pour cercles ; — 2º à l'âge de sept ans pour échalas.

Parentis-en-Born, — Pissos, — Sabres, — pas d'usage constaté.

Sore. — La coupe des taillis de chênes ordinaires et chênes tauzins a lieu tous les douze ans, en ayant soin, bien entendu, de laisser les baliveaux.

Roquefort. — L'usufruitier coupe les taillis et châtaigneraies tous les cinq ans.

Villeneuve. — Les tauzins, chênes ordinaires et autres arbres que l'on émonde ou étête pour chauffage, sont émondés ou étêtés tous les six ou huit ans. La coupe des châtaigneraies a lieu à l'âge d'entre quatre ans et cinq ans, c'est-à-dire quand elles ont quatre ans accomplis.

Arbres à haute futaie. — Les saules sont ébranchés tous les quatre ou cinq ans; les peupliers, pour les branches inférieures seulement, aux mêmes époques.

Arrondissement de Saint-Sever.

Aire. — Pas d'usage particulier.

Amou. — La commission n'a pas cru devoir constater d'usage constant relatif aux bois taillis de chênes et de tauzins. Les aulnes ou vergnes se coupent à quatre ans pour échalas; à dix ans pour chaises; à quinze ans pour sabots; les taillis de châtaigneraie à sept ans; les bois dits *bois blancs* à quatre ans.

GEAUNE. — Pas d'usage.

HAGETMAU. — Les châtaigneraies se coupent à quatre ans pour cercles, à sept ans pour échalas; l'ébranchage des saules, aulnes, etc., a lieu tous les quatre ans; celui des arbres écimés, tous les cinq ans.

MUGRON. — Les châtaigneraies se coupent tous les sept ans; les saules et aubiers tous les cinq ans, sans pouvoir anticiper ni retarder, l'une et l'autre chose pouvant nuire à la souche mère.

SAINT-SEVER. — Les châtaigneraies se coupent tous les sept ou huit ans. L'émondage des arbres qui ont reçu cette destination du propriétaire, et qui sont exploités régulièrement, a lieu tous les trois ans sur les haies; et ailleurs tous les cinq ou six ans.

TARTAS (est). — Il n'a pas été produit de procès-verbal de la commission cantonale.

Tartas (ouest). — Pas d'usage.

Arrondissement de Dax.

CASTETS. — Pas d'usage.

DAX. — Les taillis de tauzins se coupent tous les sept ans; ceux d'aulne et de saule tous les cinq ans.

Saint-Martin-de-Seignanx. — Pas d'usage.

Montfort. — Les taillis de châtaigneraie se coupent tous les sept ans ; ceux de saules et de vergnes tous les cinq ans.

Peyrehorade. — Les taillis composés uniquement de châtaigniers se coupent tous les dix ans ; ceux dans lesquels se trouvent d'autres essences de bois mêlés aux châtaigniers, tous les huit ans ; ceux de saules et bois blancs tous les quatre ans ; ceux formant bordure d'eaux courantes ou autres tous les trois ans ; ceux formant bordure de terres cultivées tous les six ans ; les autres, en général, tous les douze ans.

Pouillon. — Les échalas de châtaigneraie se coupent à l'âge de huit à douze ans ; ceux d'acacia à cinq ans ; ceux de saules, vergnes, etc., à quatre ans ; les émondages pour bois de chauffage ont lieu tous les quatre ans.

Saint-Vincent-de-Tyrosse. — 1° Dans la section dite de Gosse, les bois taillis se coupent tous les sept ans ; — 2° Dans la section dite de Maremne. — Pas d'usage.

Soustons. — Les bois taillis se coupent tous les neuf ans.

Remarques particulières pour les forêts de pins.

L'exploitation des arbres pins, considérée au point de vue des droits du propriétaire et de l'usufruitier, ne pouvait manquer de préoccuper la commission centrale comme elle avait préoccupé plusieurs des commissions cantonales.

Après une longue délibération la commission centrale a été d'avis que la question des prétendus modes de jouissances de ces bois se confondait avec celle de la culture même de l'arbre pin, et qu'il ne pouvait ressortir des constatations des commissions centrales aucun usage ayant force de loi relativement aux droits respectifs du propriétaire et de l'usufruitier sur les forêts de pins, au moins en ce qui touche la coupe de ces arbres aux diverses périodes de leur existence.

La commission centrale a dû se borner à exprimer de la manière la plus pressante le vœu qu'une législation spéciale vienne, le plus tôt possible, réglementer l'exercice des droits ci-dessus, dans une matière intéressant à un si haut degré la plus grande partie du département des Landes.

CHAPITRE II.

De l'usage des eaux courantes.

(Art. 644 et 645 du Code Napoléon, et loi du 14 floréal an XI.)

———

Toutes les commissions cantonales déclarent qu'il n'y a dans le département aucun usage ayant force de loi relativement aux eaux courantes.

CHAPITRE III.

Clôtures, haies et fossés.

(Art. 663 et suivants du Code Napoléon.)

HAUTEUR DES CLOTURES, LEUR DISTANCE. — DISTANCE DES FOSSÉS.

Arrondissement de Mont-de-Marsan.

ARJUZANX. — Pas d'usage.

GABARRET. — Pas d'usage. — On applique les dispositions du Code Napoléon.

GRENADE. — Clôture rurale au moyen de fossés : — On laisse sur son terrain une marge, berge ou franc-bord de seize centimètres et demi. Pour les autres clôtures, pas d'usage.

LABRIT. — Pas d'usage.

MIMIZAN. — Pas d'usage.

MONT-DE-MARSAN. — Pour les clôtures urbaines : pas d'usage. — Pour les clôtures rurales : le franc-bord à laisser par celui qui creuse un fossé doit avoir une largeur de vingt-deux centimètres. Quant à la largeur du fossé lui-même, s'il n'y a titre ou marque du contraire, elle est réputée être de quatre-vingt-dix-huit centimètres.

PARENTIS-EN-BORN. — Pas d'usage, si ce n'est pour les clôtures obligatoires qui se font en bois : elles doivent avoir une hauteur de un mètre trente-trois centimètres.

PISSOS, — ROQUEFORT, — SABRES ET SORE. — d'usage.

VILLENEUVE. — Pas d'usage. — Berge de trente centimètres à laisser par celui qui creuse un fossé séparatif d'héritages.

Arrondissement de Saint-Sever.

AIRE. — Pas d'usage.

AMOU. — Les murs de clôture ne dépassent pas deux mètres en hauteur.

GEAUNE. — Pas d'usage.

HAGETMAU. — Hauteur des clôtures urbaines en maçonnerie, deux mètres; — Clôtures rurales : berge de seize centimètres et demi à laisser par le propriétaire qui creuse un fossé séparatif d'héritages.

MUGRON. — Pas d'usage.

SAINT-SEVER. — Pas d'usage.

TARTAS (est et ouest). — Pas d'usage.

Arrondissement de Dax.

Pas d'usage constaté par les diverses commissions cantonales.

CHAPITRE IV.

Distance des plantations.

(Art. 671 du Code Napoléon.)

Arrondissement de Mont-de-Marsan.

ARJUZANX, — GABARRET, — GRENADE, — LABRIT. — Pas d'usage.

MIMIZAN. — Pas de distance à observer pour les plantations ou semis d'arbres pins entre forêts contiguës. — Distance légale à observer dans tous les autres cas.

MONT-DE-MARSAN, — PARENTIS-EN-BORN. — Pas d'usage.

PISSOS. — Pas de distance à observer pour les plantations et semis de pins entre forêts contiguës. Distance légale à conserver dans tous les autres cas.

ROQUEFORT, — SABRES, — SORE. — Pas d'usage.

VILLENEUVE. — Pas de distance à observer pour la plantation ou le semis de toutes sortes d'arbres entre bois et forêts contiguës. — De même pour les arbres en espalier dans les jardins, ceux soumis à la taille annuelle et ceux dont la durée est courte. — Pour tous les autres cas on applique les dispositions de la loi.

Arrondissement de Saint-Sever.

AIRE. — Pas d'usage.

AMOU. — Pas d'usage. — Si ce n'est pour les arbres servant d'échalas aux vignes, lesquelles peuvent se planter à un mètre de distance du fonds voisin, à la condition de les tailler annuellement, de manière à ce qu'ils ne dépassen pas une hauteur de deux mètres soixante-dix centimètres ; les droits résultant pour le propriétaire voisin de l'art. 672 du Code Napoléon étant, bien entendu, réservés.

Dans tous les autres cantons de l'arrondissement de Saint-Sever, pas d'usage. On suit les dispositions de la loi.

Arrondissement de Dax.

CASTETS et SOUSTONS. — Pas de distance à observer pour les plantations ou semis d'arbres pins entre forêts contiguës. Dans tous les autres cas on se conforme à la loi.

Les commissions des autres cantons de l'arrondissement de Dax ne constatent point d'usage. En général les dispositions du Code Napoléon sont appliquées.

CHAPITRE V.

Constructions susceptibles de nuire aux voisins.

(Art. 674 du Code Napoléon.)

———

Arrondissement de Mont-de-Marsan.

ARJUZANX. — Pas d'usage.

GABARRET. — On applique les dispositions de l'art. 674, avec cette circonstance que le contre-mur doit avoir quarante centimètres d'épaisseur. Pour les cheminées, si elles sont adossées à un mur, l'épaisseur du contre-mur doit être de dix centimètres; si c'est à une cloison, elle doit être de quarante centimètres.

GRENADE. — Pour un puits ou fosse d'aisances creusés contre un mur mitoyen ou non, le contre-mur doit avoir une épaisseur de trente centimètres. Entre deux puits on fait un mur de quatre-vingts centimètres d'épaisseur ; entre puits et fosse d'aisances l'épaisseur de ce mur est d'un mètre vingt centimètres.

Les puisards, fosses à eau, mares, fosses à fumier, ne se creusent qu'à une distance de trente centimètres du fonds voisin.

Cheminées ou âtres. — Il n'est pas nécessaire qu'il y ait un intervalle ou un contre-mur.

Fours et forges. — On laisse entre eux et le mur voisin un intervalle vide de seize centimètres et demi.

Pour les étables renfermant des fumiers, pas d'intervalle ni de contre-mur.

LABRIT, — MIMIZAN. — Pas d'usage.

MONT-DE-MARSAN. — Pour la construction d'un puits ou fosse d'aisances, près d'un mur mitoyen ou non, on fait un contre-mur de trente-trois centimètres d'épaisseur.

Cheminée et âtre. — 1° Cheminée : — Le contre-mur doit avoir une épaisseur de seize centimètres dans toute la largeur de la cheminée jusqu'à hauteur du manteau. On le construit en briques et on en diminue graduellement l'épaisseur à partir du manteau de la cheminée, de manière à éviter une retraite au point de jonction du contre-mur au mur. — 2° Atre : — Il doit être recouvert de briques ou d'une plaque en fer, et avoir au moins un mètre trente-trois centimètres d'ouverture ou largeur, et un mètre de profondeur jusqu'au chevêtre qui porte les solives ; ceci pour le rez-de-chaussée. Dans les étages supérieurs le minimum de profondeur à donner est de quarante-deux centimètres.

Forge, four, fourneau. — On laisse, à partir du mur voisin, une distance de seize centimètres, dite *tour du chat;* et en outre on bâtit un contre-mur de trente-trois centimètres d'épaisseur s'étendant dans toute la hauteur et la longueur du four, fourneau ou forge. Pour les fourneaux de cuisine, s'ils sont juxtaposés à un mur, on ne fait pas de contre-mur ; s'ils le sont à une cloison en pans de bois, on établit un contre-mur en briques de trente-trois centimètres d'épaisseur, sur une hauteur de soixante-six centimètres au-dessus du fourneau.

Ecuries et étables. — Pas d'usage.

Amas de sel ou de matières corrosives. — On bâtit le contre-mur sur une épaisseur de trente-trois centimètres dans toute la hauteur occupée par les matières.

Parentis-en-Born. — Pas d'usage.

Pissos. — Les dépôts de fumier ne se font qu'à un mètre de distance du mur voisin.

Roquefort, — Sabres et Sore. — Pas d'usage.

Villeneuve. — On établit un contre-mur de onze centimètres pour la construction des cheminées, âtres, fours, fourneaux et étables, et pour les dépôts de fumier, sel ou matières corrosives.

Arrondissement de Saint-Sever.

AIRE. — *Puits.* — Pas de distance observée. On établit un contre-mur de cinquante centimètres si le puits est à proximité soit d'un mur mitoyen ou non, soit d'une cave ou d'un autre puits déjà existant.

Fosses d'aisances. — Lorsque le terrain et la situation des lieux le permettent, on laisse un intervalle de cinquante centimètres à un mètre entre le mur ou le fonds du voisin et la fosse. Si le terrain ou la disposition des lieux ne permettent pas de laisser cet intervalle, on bâtit un contre-mur de cinquante centimètres d'épaisseur.

AMOU, — GEAUNE, — HAGETMAU. — Pas d'usage.

MUGRON. — *Puits.* — Pas de distance à observer. Le puits avoisinant le fonds d'autrui doit être entièrement muré; de même pour les citernes.

Cheminées. — On établit un contre-mur de seize centimètres et demi.

Pour les fours, forges, âtres et fourneaux, le tuyau doit être élevé d'un mètre au moins au-dessus du comble. Et outre le contre-mur, on laisse encore un intervalle vide de seize centimètres et demi.

Fosses d'aisances, dépôt de sel et de matières corro-

sives. — On établit un contre-mur de seize centimètres et demi d'épaisseur et on laisse en outre un intervalle égal.

Saint-Sever. — *Puits.* — Ils ne se creusent qu'à un mètre de distance du mur voisin. Et, pour toutes les constructions énumérées en l'art. 674, on établit un contre-mur dont l'épaisseur n'est pas précisée.

Tartas (est et ouest). — Pas d'usage.

Arrondissement de Dax.

Dax. — On suit la coutume de Paris. — Quand on fait un contre-mur on lui donne une épaisseur de cinquante centimètres.

Montfort. — Le seul usage en matière d'ouvrages prescrits est celui d'établir un contre-mur solide.

Dans les autres cantons de cet arrondissement, — pas d'usage.

CHAPITRE VI.

Baux à loyer faits sans écrit.

(Art. 1736, 1753, 1754, 1757 et 1758 du Code Napoléon.)

SECTION Ire.

ÉPOQUE DE L'ENTRÉE EN JOUISSANCE.

ARJUZANX. — Le 11 novembre.

GABARRET, GRENADE. — Pas d'usage.

LABRIT. — Le 11 novembre.

MIMIZAN. — Pas d'usage.

MONT-DE-MARSAN. — Pas d'usage pour les locations urbaines. — Pour les locations rurales, le 11 novembre.

PARENTIS-EN-BORN, PISSOS, ROQUEFORT. -- Pas d'usage.

SABRES. — Le 11 novembre.

SORE. — Pas d'usage.

VILLENEUVE. — Locations rurales le 11 novembre.

Arrondissement de Saint-Sever.

AIRE. — Pas d'usage.

AMOU. — Le 1er novembre, quand le bail est fait pour un an.

TARTAS (ouest). — Le 11 novembre.

Dans les autres cantons de cet arrondissement les commissions ne constatent pas d'usage.

Arrondissement de Dax.

CASTETS. — Le 11 novembre.

DAX. — Pour les locataires urbains, pas d'usage; pour les locations rurales, le 11 novembre.

SAINT-MARTIN-DE-SEIGNANX. — Le 11 novembre; excepté dans la section de Boucau, commune de Tarnos, où il n'y a pas d'usage.

MONTFORT. — Le 11 novembre.

PEYREHORADE. — Pas d'usage.

POUILLON. — Le 1er novembre, pour maisons ou parties de maison avec ou sans jardin.

SAINT-VINCENT-DE-TYROSSE. — Section de Gosse, pas d'usage. — Section de Maremne, le 11 novembre.

SOUSTONS. — Le 11 novembre.

SECTION II.

DURÉE DES BAUX A LOYER FAITS SANS ÉCRIT.

Arrondissement de Mont-de-Marsan.

ARJUZANX, GABARRET. — Pas d'usage.

GRENADE. — On loue à l'année.

LABRIT, — MIMIZAN. — Pas d'usage.

MONT-DE-MARSAN. — *Locations urbaines :* — Pour les appartements meublés, on loue au mois. — Pas d'usage pour les maisons entières. — Locations rurales, un an.

PARENTIS-EN-BORN, — PISSOS, — ROQUEFORT. — Pas d'usage.

SABRES. — Un an.

SORE. — Pas d'usage.

VILLENEUVE. — Pour les ouvriers, et ceux dits brassiers, un an. — Pas d'usage pour les loyers en ville.

Arrondissement de Saint-Sever.

AMOU. — Un an.

MUGRON. — Les appartements meublés se louent au mois.

SAINT-SEVER. — Trois mois, et à suite de tacite ré-conduction, le même temps que le premier bail.

Dans les autres cantons de cet arrondissement, pas d'usage.

Arrondissement de Dax.

CASTETS. — Pas d'usage.

DAX. — Pour les appartements meublés, un mois; — pas d'usage pour les maisons. — Locations rurales, un an.

SAINT-MARTIN-DE-SEIGNANX. — Un an, excepté pour la section de Boucau, commune de Tarnos, dans laquelle le bail est censé fait pour un an si le paiement du prix du bail a lieu par quartiers, c'est-à-dire par trimestre, et pour un mois si le paiement a lieu par mois.

MONTFORT. — Un an pour toute sorte de locations.

PEYREHORADE. — Pas d'usage.

POUILLON. — Un an.

SAINT-VINCENT-DE-TYROSSE. — Section de Gosse, pas d'usage. — Section de Maremne, un an.

, SOUSTONS. — Un an.

SECTION III.

Arrondissement de Mont-de-Marsan.

ARJUZANX. — Trois mois avant l'expiration du bail.

GABARRET. — De même.

GRENADE. — De même.

LABRIT. — De même.

MIMIZAN. — De même.

MONT-DE-MARSAN. — Locations urbaines. — Pour les maisons et chambres garnies ou non garnies, louées à l'année ou au trimestre, quel que soit le prix du loyer, le congé se donne trois mois à l'avance; si la location est au mois, un mois à l'avance. — Pour les boutiques et magasins servant à une industrie ou commerce, le congé se donne six mois à l'avance. Bien entendu que les délais ci-dessus comptent seulement à partir de l'expiration du terme (mois, trimestre ou semestre) pendant lequel le congé est donné. En cas de tacite réconduction les délais observés sont les mêmes.

Locations rurales. — Le congé se donne au plus tard le 22 juillet.

PARENTIS-EN-BORN et PISSOS. — Trois mois avant l'expiration du bail.

ROQUEFORT. — Pas d'usage.

SABRES et SORE. — Trois mois avant l'expiration du bail.

VILLENEUVE. — Locations urbaines, pas d'usage. — Locations rurales : — pour les locations dites des *brassiers*, sans terre ou avec un jardin seulement, trois mois avant le 11 novembre ; — pour les brassiers ayant des terres, le 22 juillet au plus tard.

Arrondissement de Saint-Sever.

AIRE. — Pour les locations de six mois et au-dessus, trois mois avant l'expiration du bail ; — pour celles de trois mois et au-dessous, quinze jours.

AMOU. — Avant le 1er août, c'est-à-dire trois mois à l'avance. Il en est de même pour les brassiers sans terre ou avec un jardin seulement.

GEAUNE. — Pas d'usage.

HAGETMAU. — Pour les maisons avec ou sans jardin et les appartements meublés, trois mois à l'avance.

MUGRON. — Trois mois avant l'expiration du bail.

SAINT-SEVER. — De même.

TARTAS (EST). — Pas d'usage.

TARTAS (OUEST). — Le 11 août au plus tard.

Arrondissement de Dax.

CASTETS. — Le 25 juillet au plus tard.

DAX. — Pour les maisons ou appartements non meublés, trois mois à l'avance. Pour les magasins, pas d'usage constant. — Pour les appartements meublés, loués au mois, quinze jours à l'avance. Pour les locations rurales, avant le 24 juin.

SAINT-MARTIN-DE-SEIGNANX. — Trois mois avant l'expiration de l'année courante; pour les locations à l'année et pour les locations au mois, neuf jours avant l'expiration du mois courant.

MONTFORT. — Trois mois avant l'expiration du bail.

PEYREHORADE. — Onze jours avant l'expiration du bail, excepté dans la commune d'Orist, où le congé se donne un mois avant l'expiration du bail ; et celle de Cauneille, où il se donne deux mois avant.

POUILLON. — Avant le 1er août.

SAINT-VINCENT-DE-TYROSSE. — Section de *Gosse*, un

mois avant l'expiration du bail ; section de Maremne, pas d'usage bien constaté.

SOUSTONS. — Le 25 juillet au plus tard.

SECTION IV.

DES PAIEMENTS PAR ANTICIPATION.

ARJUZANX, GABARRET. — Pas d'usage.

GRENADE. — On ne paie qu'à terme échu.

LABRIT. — Pas d'usage.

MIMIZAN. — On paie tous les six mois, à terme échu.

MONT-DE-MARSAN. — Les locataires paient un mois, un trimestre, un semestre d'avance, selon que la location est faite au mois ou à des termes plus longs.

PARENTIS-EN-BORN, PISSOS, ROQUEFORT. — Pas d'usage.

SABRES. — On paie tous les six mois, à terme échu.

SORE. — On ne paie qu'à terme échu.

VILLENEUVE. — Locations urbaines : pas d'usage ; locations rurales : les brassiers, qui s'acquittent en argent, paient à l'avance trois mois ou six mois.

Arrondissement de Saint-Sever.

AMOU. — On paie à la fin de l'année.

MUGRON. — A terme échu.

SAINT-SEVER. — On paie un trimestre à l'avance.

Dans les autres cantons de cet arrondissement, pas d'usage.

Arrondissement de Dax.

CASTETS. — On paie de six en six mois, les 11 mai et 11 novembre, à terme échu.

SAINT-MARTIN-DE-SEIGNANX. — Pas d'usage.

MONTFORT. — Le 11 novembre, à terme échu.

Dans les autres cantons de cet arrondissement, pas d'usage.

SECTION V.

RÉPARATIONS LOCATIVES.

(Art. 1754 du Code Napoléon.)

Dans tous les cantons du département on se conforme aux dispositions du Code Napoléon, sauf les exceptions suivantes :

MONT-DE-MARSAN. — Le preneur doit faire reblanchir au lait de chaux les murs intérieurs et les plafonds non plâtrés, et griser les planchers supérieurs, non plafonnés. Pour les appartements carrelés, le propriétaire fournit les carreaux à remplacer et le locataire paie la main-d'œuvre.

AMOU. — Le locataire doit réparer les cloisons en bois et torchis à toute hauteur.

CHAPITRE VII.

Baux à ferme et à colonnage partiaire faits sans écrit.

(Art. 1736, 1774 et 1777 du Code Napoléon.)

SECTION Ire.

ÉPOQUE DE L'ENTRÉE EN JOUISSANCE.

Arrondissement de Mont-de-Marsan.

ARJUZANX. — Le 11 novembre.

GABARRET. — Le 1er novembre.

GRENADE et LABRIT. — Le 11 novembre.

MIMIZAN. — Pas d'usage.

MONT-DE-MARSAN. — Le 11 novembre.

PISSOS. — Le 1er novembre.

PARENTIS-EN-BORN. — Pas d'usage.

ROQUEFORT, SABRES. — Le 11 novembre.

SORE. — Le 1er novembre.

VILLENEUVE. — Le 11 novembre.

Arrondissement de Saint-Sever.

AIRE. — Le 11 novembre.

AMOU. — Le 31 octobre.

GEAUNE. — Le 11 novembre.

HAGETMAU. — Le 11 novembre.

MUGRON, SAINT-SEVER, TARTAS (est). — Pas d'usage.

TARTAS (ouest). — Le 11 novembre pour les terres labourables; — le 1er mars pour les prairies louées séparément; — le 1er février pour les pins loués séparément.

Arrondissement de Dax.

CASTETS. — Le 11 novembre — pour les pins, les conditions sont établies, et l'entrée en jouissance a lieu du 1er janvier au 17 du même mois.

DAX. — Le 11 novembre.

SAINT-MARTIN-DE-SEIGNANX, MONTFORT. — Le 11 novembre.

PEYREHORADE. — Pas d'usage constant.

SAINT-VINCENT-DE-TYROSSE. — Le 11 novembre.

SOUSTONS. — Le 11 novembre.

SECTION II.

DURÉE DES BAUX A FERME ET A COLONNAGE PARTIAIRE.

___

Arrondissement de Mont-de-Marsan.

ARJUZANX. — Pas d'usage.

GABARRET. — Un an.

GRENADE. — Autant d'années qu'il y a d'assolements, c'est-à-dire trois ans pour les terres labourables; un an pour les prés et vignes, ou tout autre fonds dont les fruits se recueillent dans une année.

Néanmoins la commission centrale ne croit pas devoir constater cet usage comme universellement suivi dans les communes du canton de Grenade, et croit au contraire devoir déclarer qu'il est à sa connaissance qu'il existe de nombreuses exceptions.

LABRIT, MIMIZAN. — Pas d'usage.

MONT-DE-MARSAN. — Un an.

PARENTIS-EN-BORN, PISSOS, ROQUEFORT. — Pas d'usage.

SABRES. — Un an.

SORE. — Pas d'usage.

VILLENEUVE. — Pour les baux à colonnage partiaire : toujours un an, même à suite de tacite réconduction d'un bail consenti pour deux, trois, quatre ans ou plus.

Pour les baux à ferme : pas d'usage.

Arrondissement de Saint-Sever.

AIRE. — Autant d'années que d'assolements.

AMOU, GEAUNE. — Pas d'usage.

HAGETMAU. — Pas d'usage suffisamment constaté.

Dans les autres cantons de cet arrondissement, pas d'usage.

Arrondissement de Dax.

CASTETS, DAX. — Pas d'usage.

SAINT-MARTIN-DE-SEIGNANX. — Un an.

MONTFORT, PEYREHORADE. -- Pas d'usage.

POUILLON. — Un an.

SAINT-VINCENT-DE-TYROSSE. — Section de *Gosse*, un an; section de Maremne, pas d'usage.

SOUSTONS. — Pas d'usage.

SECTION III.

ÉPOQUE DES CONGÉS.

Arrondissement de Mont-de-Marsan.

ARJUZANX. — Le 25 juillet au plus tard.

GABARRET. — Six mois avant l'expiration du bail.

GRENADE. — Pour les colons avec le bétail de labour, le 23 juin au plus tard. — Pour les brassiers sans bétail, le 22 juillet au plus tard.

LABRIT. — Le 22 juillet au plus tard.

MIMIZAN. — Le 24 juin au plus tard.

MONT-DE-MARSAN. — Le 24 juin au plus tard, pour le colon qui a des bestiaux de labour; — le 22 juillet au plus tard, pour celui qui n'en a pas. — Le 1er janvier au plus tard, pour les exploitations de pins; et si les pins sont exploités par le colon, le congé se donne à la même époque que celui donné pour le restant de la propriété.

PARENTIS-EN-BORN. — Le 24 juin au plus tard pour les colons partiaires, et à la même époque pour l'exploitation des pins faite par lesdits colons. — Pour l'exploitation séparée des pins, le 31 décembre au plus tard.

PISSOS. — Pas d'usage.

ROQUEFORT. — Avant le 22 juillet.

SABRES. — Dans les communes de Commensacq, Escource, Labouheyre, Lue et Trensacq, le 24 juin, au plus tard. Dans les communes de Sabres et Luglon, le 25 juillet au plus tard.

SORE. — Pas d'usage.

VILLENEUVE. — Le 22 juillet au plus tard.

Arrondissement de Saint-Sever.

AIRE. — Le 24 juin au plus tard.

AMOU. — Avant le 24 juin pour les colons et fermiers. Sont compris dans cette catégorie ceux qui, n'étant point colons, travaillent des pièces de terre séparées sous la condition d'un partage de fruits.

GEAUNE. — Le 24 juin au plus tard.

HAGETMAU. — De même.

MUGRON. — Avant le 24 juin pour les métairies ayant des terres labourables; — avant le 25 juillet pour les baux de vignobles.

SAINT-SEVER. — Au plus tard le 24 juin.

TARTAS (est). — Pas d'usage.

TARTAS (ouest). — Le 25 juillet, au plus tard, pour les terres labourables ; le 1er décembre, au plus tard, pour les prairies ; le 1er janvier, au plus tard, pour les exploitations de pins séparées du colonnage.

Arrondissement de Dax.

CASTETS. — Pour les colons et fermiers, pas d'usage ; pour les exploitations de pins, du 1er au 10 janvier au plus tard.

DAX. — Avant le 24 juin pour les fermiers et colons partiaires ; dans la commune de Heugas, avant le 15 août ; dans celle de Herm, avant le 24 juin quand les fermiers ont des charrettes et des bestiaux de trait, et avant le 25 juillet quand ils n'en ont pas.

SAINT-MARTIN-DE-SEIGNANX. — Dans certaines communes non désignées, avant le 24 juin ; dans d'autres non désignées, avant le 15 août.

MONTFORT. — Le 24 juin, au plus tard, pour les laboureurs ; le 1er août, au plus tard, pour les vignerons ; et, dans certaines communes non-désignées, avant le 15 août.

PEYREHORADE. — Avant le 15 août. Dans la commune de Saint-Cricq-du-Gave, avant le 24 juin.

Pouillon. — Avant le 24 juin.

Saint-Vincent-de-Tyrosse : section de Gosse, avant le 15 août; section de Maremne, le 25 juillet au plus tard.

Soustons. — Le 24 juin au plus tard ; pour les exploitations de pins séparées, le 24 décembre au plus tard.

SECTION IV.

ENTRETIEN ET RÉPARATION.

Arrondissement de Mont-de-Marsan.

Arjuzanx. — Sont à la charge du colon : l'entretien des couvertures en chaume, des granges et parcs à bétail, le curage des rigoles dites *tranche-veines,* c'est-à-dire celles qui entourent les terres cultivées et les isolent des arbres et haies environnantes; à la charge du propriétaire : l'entretien des rigoles servant à l'écoulement des eaux.

Gabarret. — A la charge du colon : *dans la partie du canton située en Armagnac :* le transport sur les terres cultivées, champs ou vignes, des terres qui se trouvent dans l'intérieur de ces pièces, un tiers chaque année. *Dans la partie dite des Landes,* sont à la charge du colon : le curage des fossés intérieurs des pièces cultivées, un tiers par année; l'entretien de toutes les constructions, et la fourniture de la paille récoltée sur la métairie, même pour les constructions à neuf.

GRENADE. — A la charge du colon : le curage des rigoles, sans distinction, un tiers chaque année. Celles qui entourent les cours et fumiers sont curées tous les ans ou tous les deux ans.

Quand le propriétaire veut faire certaines améliorations, telles que marnage, chaulage, etc., le colon, moyennant une indemnité dont le principe existe et a été constaté par la commission centrale, doit transporter de la carrière sur les champs et étendre le sable destiné à l'amendement des terres. De même pour la chaux.

Dans la commune de Benquet l'indemnité pour le colon consiste dans l'obligation imposée à son successeur de payer au colon sortant la valeur de l'amélioration à proportion du temps qui reste à courir jusqu'au terme de dix ans — durée présumée des effets de la réparation. — Dans la commune de Lussagnet le colon transporte, à ses frais, la marne, et recueille seul la première récolte produite par le terrain marné.

Quant à l'entretien des clôtures et constructions, l'usage suivi est que le fermier ou colon fasse les menues réparations aux claies ou barrières tournantes, et aussi qu'il entretienne les baradeaux et les chemins d'exploitation dans la proportion de leur utilité pour lui.

Pour les grosses réparations aux constructions il est d'usage : dans la commune de Bordères, que le bailleur paie les ouvriers et que le preneur les nourrisse. Et dans celle de Castandet, que le bailleur fasse le transport des matériaux sans autre indemnité que la nourriture du bouvier, lorsque c'est le bailleur qui a fourni les bœufs de la métairie ou le capital pour les acheter.

LABRIT. — A la charge du colon : les réparations des bâtiments couverts en chaume, l'entretien de toutes les clôtures ou haies vives et autres, le curage des rigoles dites *tranche-veines* et leur élargissement s'il est nécessaire.

A la charge des propriétaires : le curage et l'entretien des rigoles traversant la propriété et servant à l'écoulement des eaux.

MIMIZAN. — A la charge du colon : le curage des rigoles dites *tranche-veines* et l'entretien des haies et clôtures.

MONT-DE-MARSAN. — A la charge du colon : le curage des fossés, l'entretien des claies ou barrières tournantes ; le curage des fossés a lieu tous les trois ans, un tiers par année. Il en est de même pour les baradeaux, si le colon ne les a pas pris neufs. En outre, le colon répare ou rétablit les murs et cloisons en torchis et entretient les couvertures en chaume des constructions.

PARENTIS-EN-BORN. — Pas d'usage.

PISSOS. — A la charge du colon : — le curage des fossés autres que ceux servant à l'écoulement des eaux ; pour le reste, pas d'usage.

ROQUEFORT. — A la charge du colon : — l'entretien et les menues réparations des couvertures des constructions en chaume et le curage des rigoles des terres cultivées.

SABRES. — Pas d'usage constaté.

SORE. — A la charge du colon : — le curage de toutes les rigoles, dites *tranche-veines*, quelle que soit la durée de son bail.

VILLENEUVE. — A la charge du colon : — l'entretien des clôtures, haies, baradeaux, les menues réparations aux clôtures des cabanes, étables, et de tous les murs dont partie est en bois ; le curage des fossés sans distinction.

Arrondissement de Saint-Sever.

AIRE. — A la charge des colons, les réparations à faire aux cloisons.

Amou. — A la charge du colon : les réparations des cloisons en torchis, à toute hauteur.

Geaune. — Pas d'usage.

Hagetmau. — Le colon sortant, qui laisse en état d'ensemencement la sole prochaine de froment, doit curer parfaitement les rigoles de cette sole. Il reçoit, pour ces travaux de fin d'année, le quart des fourrages de maïs de la dernière récolte.

Mugron, Saint-Sever, Tartas (est). — Pas d'usage.

Tartas (ouest). — A la charge du colon : les réparations de menu entretien à toutes les toitures, le curage des fossés et le redressement des baradeaux. Les rigoles dans lesquelles l'eau reste continuellement sont à la charge du propriétaire.

Arrondissement de Dax.

Castets. — A la charge du colon : le curage des rigoles, un tiers par année, et le redressement des baradeaux.

Dax, Saint-Martin de-Seignanx, Montfort, Peyrehorade. — Pas d'usage.

Pouillon. — A la charge du colon : l'entretien des allées des labourables et vignobles ; le transport de terres aux vignes, au printemps et en automne, à raison d'un cinquième par année; la taille des haies et aubépines; — l'ouverture, chaque année, du quart des tranchées autour des vignobles et labourables; le curage, chaque année, de la moitié des tranchées qui restent ouvertes; — et l'entretien des baradeaux, clôtures, barrières, etc.

SAINT-VINCENT-DE-TYROSSE, SOUSTONS. — Pas d'usage.

SECTION V.

OBLIGATIONS DES FERMIERS OU COLONS ENTRANTS ET SORTANTS.

(Art. 1777 et 1778 du Code Napoléon.)

Arrondissement de Mont-de-Marsan.

ARJUZANX. — Le colon entrant peut travailler le sol de la métairie au fur et à mesure de l'enlèvement des récoltes pendantes.

Il prend possession des troupeaux de la métairie : pour les grosses bêtes à cornes, le 25 juillet; pour les bêtes à laine, le 29 septembre.

Quant aux fumiers, s'il y a excédant sur la quantité que le colon ou fermier avait reçue à son entrée, on le partage comme les céréales, et le propriétaire garde la portion du colon en la lui payant le prix qui avait été convenu lors de son entrée, à raison de tant le mètre cube.

GABARRET. — Pas d'usage.

GRENADE. — Le colon entrant peut commencer de travailler les terres non ensemencées, à partir du 22 juillet. Ce jour-là aussi il prend livraison de tous les bestiaux indistinctement.

Le colon sortant laisse tous les fourrages et les fumiers. S'il se trouve moins de fumier qu'il n'en a reçu, il doit payer intégralement tout ce qui manque; s'il y en a plus, le bailleur lui paie la moitié de l'excédant. Si la quantité de fumier n'a pas été constatée lors de l'entrée, le colon ou fermier doit laisser tout celui qu'il aurait dû normalement faire.

Dans la commune de *Lussagnet*, le colon sortant doit laisser entièrement ensemencée la sole de l'année suivante.

Dans les communes de *Maurrin* et *Benquet*, le colon sortant emporte sa part des dépouilles de maïs de l'année. Il en est de même dans quelques localités de la commune de Grenade.

LABRIT. — Le colon sortant doit représenter la quantité

d'engrais qu'il a reçue ; s'il en manque, il paie la quantité en moins ; s'il y a excédant, le propriétaire paie le surplus, après avoir prélevé sur l'excédant le tiers ou le quart, selon ses droits, à la récolte de seigle. — Le colon entrant prend les bestiaux de labour le 22 juillet, et les autres le 29 septembre.

Mimizan. — Le colon sortant doit laisser la même quantité de fumier qu'il a reçue. S'il y a excédant, le propriétaire tient compte au colon de sa part, calculée sur sa part aux récoltes, à raison de un franc par chârrette ; s'il y a manque, le colon paie tout le déficit au même prix.

Mont-de-Marsan. — Le colon entrant peut travailler les terres non ensemencées, et couper de la bruyère avant son entrée effective. Il ne prend possession des bâtiments qu'au 11 novembre, sauf, bien entendu, l'observation des dispositions du Code Napoléon.

Le colon sortant remet au colon entrant les bœufs et mulets ou chevaux le 22 juillet, et les brebis le 29 septembre. Il doit laisser libres, à partir du 22 juillet, les carreaux de jardin non occupés à cette époque.

Les jardiniers qui cultivent des jardins à colonnage partiaire ne peuvent regarnir les carreaux qui ont été vidés au printemps.

Le colon sortant ne peut faire qu'une seule récolte sur les terres fumées, afin de ne point les remettre épuisées.

Quant aux engrais, si le colon sortant en laisse plus qu'il n'en a reçu, le propriétaire prélève le tiers et paie les deux tiers au colon; s'il y a manque, le colon paie tout le déficit; si la quantité n'a pas été constatée à l'entrée, le propriétaire prend le tiers du fumier existant à la sortie comme capital; le reste se partage en deux portions égales et le propriétaire paie au colon sa moitié.

Parentis-en-Born. — Le colon laisse tous les fourrages, pailles et fumiers existant à sa sortie. Pour les exploitations de pins, les résiniers entrant en possession le 1er janvier doivent laisser aux résiniers leurs prédécesseurs la faculté de ramasser le brai ou *barras* jusqu'au 31 janvier.

Pissos.—Le colon sortant laisse sur les lieux tous les fourrages, pailles, engrais et semences. — Il fume les prairies que le colon entrant va râtisser et faucher. — Il remet les bœufs au colon entrant le 24 juin. Les troupeaux sont remis au colon entrant : à Pissos, le 1er août; à Moustey, Richet, Belhade, Mano, Biganon, le 1er juin; à Saugnac et Muret, le 29 septembre.

Roquefort.—Le colon sortant doit laisser la même quantité de fumier qu'il a reçue. S'il y en a plus, le propriétaire prélève une part égale à celle qu'il prend sur la récolte du seigle, et paie au colon la moitié de ce qui reste, suivant une estimation qui varie entre 50 et 60 centimes ; — s'il y a déficit, le colon le paie en entier. — La même opération se fait pour les pailles et fourrages.

Sabres. — Pas d'usage, si ce n'est que le colon sortant doit laisser au colon entrant une étendue de jardin suffisante pour y semer ou planter ses légumes quelque temps à l'avance.

Sore. — Le colon entrant prend les bœufs de labour le 9 mai, et les brebis le 1er juin.

Villeneuve. — Pas d'usage universellement suivi dans tout le canton ou même dans chaque commune.

Arrondissement de Saint-Sever.

Aire. — Le colon sortant doit laisser la même quantité de fumier qu'il a reçue. S'il y en a plus, il a droit à une indemnité dont les bases ne sont pas indiquées. — Il en est de même pour les fourrages. Le colon sortant doit laisser les terres qui seront ensemencées en froment l'année suivante sur cinq labours au moins.

Amou. — A partir du 24 juin, le colon sortant laisse au colon entrant les greniers à fourrages libres, et aussi la partie de jardin nécessaire aux légumes d'hiver. Il doit laisser la même quantité de fumier qu'il a reçue. Dans certaines communes non désignées, le colon entrant a la faculté de faire du fumier dans la moitié des cours à partir du 24 juin.

Le colon sortant peut être obligé à vendre les bestiaux de la métairie au 1er septembre.

GEAUNE. — Pas d'usage.

HAGETMAU. — Le cheptel est livré au colon entrant, par le colon sortant, le 29 septembre, et la partie de jardin nécessaire, dès le mois de juillet.

Le colon sortant laisse ensemencée la sole de froment de l'année suivante. Il retient, à titre d'indemnité, le quart du fourrage de maïs. Il laisse tous les autres fourrages. Il doit laisser autant de fumier qu'il en a trouvé; et, après trois années de bail, il doit laisser le fumier nécessaire, eu égard à l'étendue de la terre qu'il cultive, alors même qu'il n'aurait point trouvé de fumier en entrant.

Si le bail n'a duré qu'un an ou deux, le colon qui n'a pas trouvé de fumier et qui en laisse, reçoit une indemnité à raison de 1 franc par mètre cube.

MUGRON. — Pas d'usage.

SAINT-SEVER. — Le fermier ou colon sortant laisse le fourrage et la paille, s'il en a trouvé lors de son entrée. Il laisse aussi la même quantité d'engrais qu'il a reçue, et fait les labours qu'il a trouvés faits.

Le fermier entrant doit indemnité au fermier sortant pour les chaulages et marnages que celui-ci a faits. En réalité c'est le propriétaire qui la doit directement au colon sortant ; mais comme, dans la pratique, le bailleur impose au nouveau colon l'obligation de la payer, on dit que c'est celui-ci qui doit. Cette indemnité est due à raison des bénéfices que n'a pas faits l'auteur de la réparation. Elle se calcule sur les bases suivantes : l'effet du chaulage est présumé être de dix ans ; celui du marnage de quinze ans. Depuis la cinquième année, la progression décroissante de l'effet est d'un dixième par année pour le chaulage, et d'un douzième pour le marnage.

TARTAS (est). — Pas d'usage.

TARTAS (ouest). — Le colon entrant prend tous les bestiaux le 25 juillet, et les jardins à la même époque, les carreaux vides, bien entendu. Le colon sortant emporte les fourrages et la paille, même la part du propriétaire, s'il a dépiqué le grain de celui-ci.

Le colon sortant doit laisser sur la propriété l'engrais nécessaire à la prochaine récolte et dont le tiers ou le quart appartient au propriétaire, selon que celui-ci paie ou ne paie pas les impôts.

Les deux tiers ou les trois quarts de ces engrais, dont la quantité a été préalablement constatée par experts, restent au métayer entrant et lui sont payés à la prochaine récolte par le colon qui le remplace.

Après que la constatation et l'évaluation des fumiers existants a été faite, on recherche quelle est la quantité d'engrais qui a été répandue sur les terres l'année précédente. Cet engrais, qui est présumé opérer encore de bons effets l'année suivante, est appelé *arrière-fient*. Le prix des *arrière-fients* est de moitié inférieur à celui des fumiers ordinaires; et on en calcule la quantité d'après le nombre d'hectares de terre fumée, en se fondant sur ce qu'un hectare exige telle quantité de fumier; les deux tiers de l'arrière-fient sont payés au métayer sortant dans le mois d'octobre et de novembre suivant, après les récoltes.

Dans certaines communes non désignées, le colon laisse les fourrages et les fumiers en quantité égale à celle qu'il a reçue, et paie le déficit pour le fourrage au prix courant: pour le fumier, à raison de 50 centimes par charrette, et l'arrière-fient à raison de 25 centimes.

S'il y a excédant, le quart reste acquis au propriétaire et les trois quarts sont payés au colon. Les droits de ce dernier se réduisent aux deux tiers si le propriétaire acquitte les impositions.

Arrondissement de Dax.

CASTETS. — Le colon entrant prend possession des parties vides de jardin et de labourables au mois d'août, et à partir de cette époque, il peut garnir de lisière les parcs et bergeries si le colon sortant ne le fait pas.

DAX. — A partir du 24 juin le fermier ou colon entrant fait dans les jardins les semailles et plantations nécessaires pour l'année suivante; il ensemence les fourrages d'hiver et de printemps ainsi que le lin, et il fait les engrais nécessaires sur la propriété.

SAINT-MARTIN-DE-SEIGNANX. — Pas d'usage.

MONTFORT. — Le fermier entrant doit avoir à sa disposition la moitié du jardin, la moitié des aires et parcs pour qu'il puisse préparer les engrais; les terres nécessaires pour les semailles et plantations de l'année suivante, et pour l'ensemencement des fourrages d'hiver et de printemps; et enfin un logement convenable pour les fourrages récoltés pendant l'été qui précède son entrée.

PEYREHORADE. — Le colon sortant doit laisser autant de fumier qu'il en a trouvé; s'il en laisse en plus grande quantité, le surplus se partage entre le propriétaire et le colon, de la même manière que le maïs, et la part du colon lui est payée suivant estimation. Sur toutes les autres matières, pas d'usage constaté comme généralement suivi.

POUILLON. — A partir du 15 avril, le colon sortant doit avoir répandu sur les terres qu'il sème tous les fumiers et doit laisser au colon entrant toutes les places libres, excepté quelques mètres de surface pour les petites quantités de fumiers employées journellement.

Le colon sortant doit aussi livrer au colon entrant les terres sur lesquelles il a récolté le maïs, bien sarclées, dans le mois de septembre; il reçoit à titre d'indemnité, pour ce travail et pour la moitié de la fumure, une somme qui varie entre trente-sept, vingt-cinq, quinze centimes, suivant les localités, et aussi suivant la qualité de l'engrais.

SAINT-VINCENT-DE-TYROSSE. — Section de Gosse.

Le fermier ou colon sortant ensemence en froment la moitié des terres et les fume convenablement.

Il emporte les pailles et les fourrages de maïs.

Il doit laisser à celui qui lui succédera le 11 novembre suivant une place convenable pour loger les pailles et fourrages; le colon entrant prend possession d'une partie de jardin le 15 août; il ensemence, à partir de cette époque, toutes les terres libres en navets et plantes fourragères; il coupe la bruyère nécessaire pour le fumier, et dispose à cet effet des basses-cours.

2*

Section de Maremne. — Les fermiers ou colons doivent laisser à celui qui doit les remplacer les fumiers qui se trouvent sur la métairie à l'époque du 11 novembre.

Soustons. — Le colon entrant peut aller travailler les terres à partir du 29 septembre.

CHAPITRE VIII.

Bail d'ouvrage et d'industrie.

Arrondissement de Mont-de-Marsan.

ARJUZANX. — Pas d'usage.

GABARRET. — Pas d'usage.

GRENADE. — Dans la campagne, les domestiques se louent à l'année, sans époque fixe pour l'entrée ou la sortie. S'il y a congé donné de la part du maître ou de la part du domestique sans motifs, celui qui donne ainsi congé paie des dommages-intérêts.

Les domestiques tuiliers ne se louent que pour six mois à partir du mois de mars.

LABRIT. — L'entrée et la sortie des domestiques sont fixées au 29 septembre, et le service se fait à l'année.

MIMIZAN. — De même.

MONT-DE-MARSAN. — Les domestiques se louent à l'année, sans époque fixe pour l'entrée ou la sortie, et ils doivent servir l'année entière, à peine d'indemnité. S'ils ont été malades pendant leur service, ils doivent au maître tout le temps perdu, et les soins à leur donner en cas de maladie sont à la charge de la maison ou tinel.

Les bergers se louent à l'année, et l'époque de l'entrée, comme de la sortie, est fixée au 29 septembre.

PARENTIS-EN-BORN. — Pas d'usage.

PISSOS. — Les domestiques pasteurs s'engagent pour une année, et ils donnent ou reçoivent congé vers le 1er janvier. Ils se louent à cette époque pour entrer le 1er novembre suivant.

ROQUEFORT, SABRES, SORE, VILLENEUVE. — Pas d'usage.

Arrondissement de Saint-Sever.

Pas d'usage.

Arrondissement de Dax.

DAX. — Les domestiques attachés à la culture des terres ne donnent ou reçoivent un congé intempestif qu'à peine de dommages-intérêts, qui consistent : pour le maître, dans le paiement des gages pour le temps pendant lequel le domestique devait rester; et pour le domestique, dans la perte de tous les gages qui lui sont dus pour le service fait.

Dans les autres cantons de l'arrondissement de Dax, pas d'usage.

CHAPITRE IX.

Glanage, parcours, vaine pâture.

(Art. 2 et 3, tit. 1er, sect. IV, 21 ; tit. 2 de la loi du 28 septembre, 6 octobre 1790.)

La Commission centrale constate qu'il n'existe pas d'usage, ayant force de loi en ces matières, dans le département des Landes.

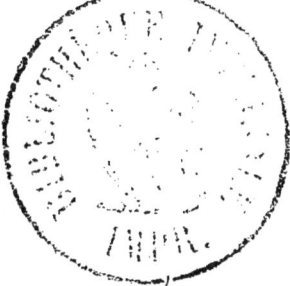

TABLE

⁓

CHAPITRE Ier.

CHAPITRE II.

CHAPITRE III.

CHAPITRE IV.

CHAPITRE V.

CHAPITRE VI.

CHAPITRE VII.

CHAPITRE VIII.

CHAPITRE IX.

TYPOGRAHIE OBERTHUR ET FILS, RENNES.

Maison à Paris, rue des Blancs-Manteaux, 35.

MÉDAILLE DE BRONZE & RAPPEL.

GRAVURES & ENCADREMENTS

Reliure, Cartonnage

MONTAGE DE BRODERIÈS

OBJETS D'ART.

J. LESPOUS,

Mont-de-Marsan.

www.ingramcontent.com/pod-product-compliance
Lightning Source LLC
Chambersburg PA
CBHW070817210326
41520CB00011B/1998